AF208779

Rund ums Klo

Kurzgeschichten und Gedichte

Herstellung und Verlag: BoD - Books on Demand,
Norderstedt,
ISBN 978-3-8448-1546-7

Coverbild: Öffentliche Toilette an einem Parkplatz
an einem Ausflugsziel

Inhalt

Prolog

Vor 80 Jahren beschäftigte mich als Kind die Frage: Warum scheiden wir das gute, schmackhafte Essen als so stinkige Masse wieder aus und warum wird darüber nicht gern gesprochen? Einige Erklärungen hierzu erfuhr ich als wir in der Schule die Verdauung behandelten.

Damals war Scheiße ein unanständiges Wort, obwohl es im Duden steht und sie ein natürliches Produkt des Verdauungsvorganges ist. Im Eltern- und Großelternhaus durfte ich es nicht aussprechen aber ich dachte es manchmal und unter Gleichaltrigen wurde es auch gesagt. Heute ist es salonfähig. Zum Wasserlassen, auch ein wichtiger Ausscheidungsvorgang, sagten wir unter Kindern im Dialekt „Sächen" ein Wort, das bei uns zu hause ebenfalls tabu war. Von meiner Großmutter, die sehr auf Etikette bedacht war, hörte ich damals: „Über alles was der Mensch außer der Sprache von sich gibt darf man in der Öffentlichkeit nur umschrieben sprechen, es sind vordergründig unanständige Sachen."

Seit dem Mittelalter bis heute wurden diese menschlichen Ausscheidungen mit sehr unterschiedlichen Methoden und Mitteln gesammelt, entsorgt oder verwertet. Die Toiletten, amtlicher Ausdruck für Klos, spielten dabei immer eine entscheidende Rolle. Ich will dazu meine Erlebnisse und das aus Erzählungen gehörte in Kurzgeschichten und Gedichten darstellen.

Abtrittanbieter

Vor einiger Zeit wurde ich durch Recherchen im Internet wieder auf einen verschwundenen Beruf aufmerksam, es war der Abtritt- oder Abortanbieter.

In den Metropolen Mitteleuropas waren früher die hygienischen Verhältnisse bei der Entsorgung der menschlichen Ausscheidungen katastrophal. Nur in den wenigsten Wohnungen gab es Klos, an Wasserspültoiletten war noch nicht zu denken und öffentliche Bedürfnisanstalten, wie sie schon aus Zeiten des alten Roms bekannt waren, gerieten in Vergessenheit.

Ende des 18., Anfang des 19. Jahrhunderts entdeckten einige Clevere diese Marktlücke fehlender öffentlicher Toiletten. Diese Abortanbieter waren maskiert, trugen einen großen weiten Mantel unter dem ein Holzeimer Platz finden und auf dem eine Person die Notdurft verrichten konnte.

In diesem Zusammenhang musste ich daran denken, dass es in der DDR in der Öffentlichkeit und selbst an Besucherbrennpunkten nur selten ausreichende, saubere Toiletten gab. Dieses mit den Verhältnissen in den Städten des Mittelalters zu vergleichen wäre unverhältnismäßig. Aber auf Autobahnparkplätzen gab es z. B. viele hygienische Missstände, hier konnte man die Umgebung im Wald und im Gebüsch nur mit allergrößter Vorsicht aufsuchen, um nicht in „menschliche Hinterlassenschaften" zu treten.

Außerdem wurden die öffentlichen Toiletten in den wenigsten Fällen verantwortlich betreut und die notwendige Sauberkeit ließ zu wünschen übrig. Weil es auch oft keine Überwachung gab und sanitäre Armaturen Mangelware waren, wurden diese dort häufig abmontiert und gestohlen.

Als wir nach der Wende erstmals in die alten Bundesländer fahren konnten beeindruckte mich sehr stark ein Erlebnis, das mir wie ein Wunder erschien, Wir besuchten die Stadt Gießen und ich musste eine öffentliche Toilette aufsuchen. Erstaunt war ich, dass keine Armaturen fehlten, alles sauber war und genügend Einmalhandtücher zur Verfügung standen. Ich glaubte zunächst an einen Ausnahmefall und meine Begleiter wunderten sich, dass ich immer wieder Toiletten in öffentlichen Einrichtungen mit Publikumsverkehr aufsuchte; sie meinten schon, ich sei krank geworden. Ich kontrollierte aber nur und fand meinen ersten Eindruck fast ausnahmslos bestätigt. In den nächsten Wochen besuchten wir die Städte Göttingen, Unna und Kassel, auch dort bestätigten sich meine Erfahrungen mit sauberen Toiletten.

Über Hygiene und Sauberkeit der Einrichtungen der Abtrittanbieter fand ich keine Berichte, aber sie waren nur eine Notfalllösung.

Während meiner Kindheit in Deutschland und noch bis in die 80er Jahre in den Balkanländern und der Sowjetunion erlebten wir einige Male, dass es gar keiner Abortanbieter bedurfte sondern ältere Frauen an Straßenecken oder über Gullys einfach ihre Bedürfnisse erledigten. So erinnere ich mich an eine ältere Frau in unserer Nachbarschaft, die sich nur selten gewaschen hat. Alle gingen ihr aus dem Weg, weil sie auch unangenehm roch. Sie hatte immer einen langen Roch an, der fast bis auf die Erde reichte. Sie stellte sich zum Beispiel ungeniert auf den unbefestigten Fußweg der Dorfstraße und wenn sie wegging wurde eine Pfütze sichtbar. Ähnliches sahen wir bei einem Stadtrundgang während einer Touristenreise in Bukarest und in einer abgelegenen Nebenstraße in Leningrad. Wir konnten eine sogenannte Individualreise buchen, bei der wir alles selbst zu organisieren hatten, und da besuchten wir auch Gegenden, in die sonst keine Touristen kamen.

Beschwerliche Klogänge

In den 1930er Jahren waren die Lebensverhältnisse auf dem Lande anders als in der Stadt. Obwohl mein Heimatort mit 2000 Einwohnern Stadtrechte besaß, herrschte dort der Dorfcharakter vor. Das zeigte sich vor allem in den Wohnverhältnissen und besonders hinsichtlich der sanitären Einrichtungen. In fast allen Häusern und Gehöften standen landwirtschaftliche Nutzungsmöglichkeiten aller Räume und Anlagen im Vordergrund. Es wäre einer Sünde gleichgekommen, wenn die häuslichen Fäkalien nicht für die Düngung in Gärten, auf Wiesen und Feldern Verwendung gefunden hätten. Ich kannte nichts anderes als sogenannte Plumpsklos über der Miststätte oder der Jauchegrube des Stalles. Wenn die Plumpsklos im Wohngebäude waren, zählten diese Leute schon zu den Vornehmen. Durch eine Röhre rutschten bei diesen Klos die Fäkalien, die auch als Dünger genutzt wurden, in eine gesonderte Grube am Haus.

Plumpsklo im Haus neben der Tür zum Stall, der sich im Hausanbau befand.

Klotüren

In diesem Gehöft waren 2 Klos über der Jauchegrube am Stall eingebaut und über den unbefestigten Hofplatz zu erreichen.

Plumpsklo neben der Mistgrube.

Da sich die menschlichen Ausscheidungsbedürfnisse nicht nach dem Wetter richten, war dieser Gang zum Klo und der dortige Aufenthalt manchmal doch weniger schön.

Trotzdem hat man bei annehmbaren Außentemperaturen sich auch dennoch etwas länger dort aufgehalten, denn als Klopapier fanden Zeitungen Verwendung. Damit konnte man noch manches finden und lesen, was einem beim ersten Zeitungsstudium entgangen war. Ich entsinne mich, dass man oftmals schwarze Hände bekam, wenn man sich nach dem Klogang noch nicht wieder gewaschen hatte und zufällig an den nackten Hintern fasste. Das kam von der Druckerschwärze der Zeitungen.

Ich denke noch mit grausen an die Klogänge und -aufenthalte bei Regenwetter und Wintertemperaturen. Besonders wenn man im Winter nachts aus dem warmen Bett hinaus in die Kälte musste. Da hätte ich doch manchmal gern den Nachttopf genutzt, aber meine Eltern und Großeltern ließen das nur bei fiebrigen Krankheiten zu. Ich kannte aber einige Familien, bei denen ich beobachtete, dass sie fast täglich frühmorgens mit dem Nachttopf zum Klo unterwegs waren, um ihn dort zu entleeren. Tagsüber stand dieses Gefäß meistens unter den Betten und wenn es nicht ganz gründlich gesäubert war, teilte sich das auch dem Geruch im Raume mit.

Als Siebenjähriger sah ich zum ersten Mal bei meiner Tante in der Stadt eine Toilette mit Wasserspülung. Dieser verschwenderische Umgang mit dem wertvollen Dünger und dem Wasser wollte mir gar nicht einleuchten, worin ich durch meinen Großvater noch bestärkt wurde.

Der Spülkasten befindet sich oben, um den Wasserdruck zu erhöhen. Man muss an einer Kette ziehen, um die Spülung zu betätigen.

Modernes Wasserspülklosett mit in der Wand eingebautem Spülkasten.

Diese Wasserspülklosetts haben sich bis heute zu modernen teils mit technischen Raffinessen und viel Elektronik ausgerüsteten Einrichtungen entwickelt. Mehrmals passierte es mir schon, dass ich beim Aufsuchen einer fremden Toilette die Betätigung für die Wasserspülung nicht fand und erstaunt war, sie ging plötzlich von allein los, wenn man eine bestimmte Bewegung machte. Überhaupt bereiten mir altem Mann in vielen Situationen die automatischen Bewegungsmelder Schwierigkeiten und ich erschrecke, wenn sich plötzlich etwas bewegt.

Auch in früheren Zeiten hatten die Menschen Probleme mit Neuerungen im Alltag, die sie noch nicht kannten. Welche Tücken dabei auch das Klogehen in sich bergen kann wird in dem folgenden Gedicht deutlich. Die Begebenheit soll, so sagte jedenfalls meine Großmutter, auf Wahrheit beruhen.

Das Wasserspülklosett

Noch vor mehr als 80 Jahren
waren Leute vom Dorfe unerfahren,
wenn sie in die Stadt mal kamen
und Neues in Anspruch nahmen.
Das moderne Wasserspülklosett
fand die alte Bäuerin sehr nett;
ihr Plumpsklo neben der Miststatt
all diesen Komfort ja gar nicht hat.
Nur klein und tief ist dieses Klo,
das ist zu hause gar nicht so,
trotzdem muss es dringend sein,
sie muss in die enge Kabine rein.
Als sie mit ihrem Geschäft zu Ende
ergreifen eine Kette ihre Hände,
um sich nun wieder hoch zu ziehen,
das geschieht nur mit großem Bemühen.

Doch sie bleibt erschrocken sitzen,
kommt sogar tüchtig ins Schwitzen.
Ein Rauschen entsteht sofort hier.
Was war das? Kommt das von ihr?
Den Versuch sie mehrmals wagt,
wobei sie fast gänzlich verzagt.

Sie kann nicht verlassen diesen Ort,
eine Flüssigkeit geht immer wieder fort.
Ihr Mann, der ungeduldig wartet,
nun doch ins Damenklo jetzt startet;
ruft: „Was ist denn mit dir geschehen,
so lang kann doch Pinkeln nicht gehen?"
Er hört sie jammern: „Ach bitte gieh,
immer wenn ich an dieser Kette zieh
fließt es aus meinen Körper raus,
mit mir ist es bestimmt bald aus."

Er holt sofort Hilfe beim Personal,
das befreit sie von ihrer Qual.

Donnerbalken

Der Donnerbalken, ein Begriff, den die junge Generation kaum noch kennt. Ich kam vor 75 Jahren mit diesem Hilfsklo als Pimpf der Hitlerjugend in Kontakt. Wir wurden damals schon als Kinder auf das Kriegsspiel vorbereitet und hierfür waren die bei uns beliebten Zeltlager sehr geeignet. Beim Aufbau dieser Lager gehörte es als erstes dazu, einen Graben auszuheben und darüber einen festen glatten Balken in Sitzhöhe zu installieren. Das war der Donnerbalken und damit die Kloanlage für das Zeltlager, wie sie aus dem 1. Weltkrieg für die Soldaten bekannt waren. Wenn gerade mehrere ihre Bedürfnisse erledigen mussten, saß man dort freizügig neben einander. Ich selbst genierte mich immer ein wenig, wenn ich mit entblößtem Unterkörper selbst neben Jungen sitzen musste. Da waren mir die Plumpsklos als Einzelkabinen, wie wir sie auf unserem Bauernhof hatten, doch angenehmer. Hier will ich gleich einfügen, dass ich als Kind mich auch nicht gern in Feld, Wald und Wiese, „zum großen Geschäft", wie wir den Stuhlgang auch nannten, hinhockte. Wenn wir z . B. auf dem ca. 1 km von unserem Haus entfernten Feld arbeiteten und ich musste mal groß, dann lief ich dazu sogar nach hause. Ich hatte immer Angst, mich dabei zu beschmutzen und die Hockstellung fiel mir ebenfalls schwer.

Zurück zum Donnerbalken im Zeltlager, da erinnere ich mich an ein schauerliches Vorkommnis. Wahrscheinlich durch Nahrungsmittel verursacht, war bei fast allen Jungen eine Durchfallerkrankung aufgetreten. Selbst in der Nacht waren oftmals alle Plätze auf dem Donnerbalken besetzt. Ein Junge, der den Druck im Po nicht mehr aushielt, entledigte sich schon seiner Hosen, rannte im Finsteren dorthin, fand keinen freien Platz, hockte sich auf die Oberschenkel eines auf dem Balken Sitzenden und ließ allem Herauswollenden freien Lauf. Schnell und in der Dunkelheit unerkannt rannte er wieder davon. Der Geschädigte und die Anderen, durch die heruntergelassenen Hosen behindert, vermochten ihn nicht sofort und schnell zu verfolgen. Unbeschreiblich die Mühe, die der arme Junge hatte, um die stinkende Masse wieder aus seinen Hosen zu bekommen und alles wieder zu säubern! Er meldete den Vorfall und am nächsten Morgen war Appell mit der Aufforderung, dass sich der Übeltäter meldet. Niemand bekannte sich, deshalb das Fazit für alle, ein Strafexerzieren, u. a. mit der bekannten Übung auf dem Bauch durch Schlamm robben. So blieb mir der Donnerbalken als ein schreckliches Klo in Erinnerung.

Gefilmte Toilettengänge

Allerorten wird die Videoüberwachung immer umfangreicher und soll für mehr Sicherheit sorgen. Dem kann man voll zustimmen, wenn damit kein Missbrauch getrieben wird. Erfreulicher Weise dürfen Sicherheitsorgane in Wohnungen heimliche Videoüberwachung nur mit ausdrücklichen Gerichtsbeschluss durchführen. Trotzdem verspürt mancher dabei auch immer hinsichtlich Rechtsmäßigkeit einen Rest Unsicherheit. Medien berichten hin und wieder über Fehlentscheidungen und sogar von korrupten Amtspersonen.

Nach deutschem Gesetz sind Videoüberwachung in Umkleiden und Toiletten unzulässig. Also nur „in", und diese Verbote gelten demnach nicht für den Raum und das Gebiet um die Toiletteneingänge herum. Ich sah schon mehrfach Videokameras auf öffentlichen Plätzen, in Bahnhofshallen und andern Gängen und Räumen mit Toiletten in der Nähe, wo die Menschen, die dorthin gehen, mit aufgenommen werden können. Welches mögliche Szenario daraus entstehen kann wird in einem Gedicht dargestellt.

Unauffällig einen Ort besuchen
kann man heute unter Ulk verbuchen.
Als ob unser Gang zu einer Toilette
irgendeine wichtige Bedeutung hätte,
entdeckte ich Kameras in der Nähe dort,
und man filmte alle Menschen immerfort.

Doch mir kam plötzlich in den Sinn,
dass ich ja ein beschützter Bürger bin!
Diese Daten, ausgewertet und gespeichert,
damit wird Gesundheitskontrolle bereichert.
Häufiges Toilettengehen kann besagen,
dass dich Darm- oder Harnwegleiden plagen.

Als ich mich dann bewarb um eine Stelle,
fand ich für die Ablehnung die Quelle:
Bei meinen Besuchen in der Stadt
man häufige Klogänge beobachtet hat.
Fazit: Ich sei etwa ein kranker Mann
und so einen stellt man lieber doch nicht an.

Getrennte Klos für Mann und Frau

Trotz Gleichberechtigung von Mann und Frau in unserer Gesellschaft, die immer mehr Unterschiede beseitigt, müssen nach Mehrheitsmeinung getrennte Damen und Herrentoiletten erhalten bleiben. Die wichtigste Begründung hierfür: Sexuelle Übergriffe könnten bei Wegfall zunehmen. Freilich hat sich in den letzten Jahrzehnten zwischen Mann und Frau die Freizügigkeit in den Beziehungen und der gesamten gegenseitigen Verhaltungsweise gewandelt. Denken wir nur daran, früher wären gemeinsame Männer- und Frauenstationen in Krankenhäusern oder gemeinschaftliche Umkleidekabinen in Schwimmbädern undenkbar gewesen. Auch Freikörperkultur (FKK) und ähnliches fanden einst mehrheitliche Ablehnung, sie werden heute ebenso wie eine äußerst freizügige Bademode immer beliebter. Eine „gemischte Sauna" findet heute niemand mehr unanständig, in meiner Jugendzeit war das noch der Fall. Überhaupt zeigen die Frauen in der Mode immer mehr unbedeckten Körper; nur die Teile, die in der Regel in der Toilette entblößt werden, präsentiert man in der Öffentlichkeit nicht; zumindest wäre das noch immer anstößig.

Diskutiert wird zurzeit vielerorts darüber, ob Bau- und Aufwandkosten gesenkt werden könnten, wenn Vor- und Waschräume der Toiletten nicht mehr geschlechtergetrennt eingerichtet werden müssten. Begründung: Für den eigentlichen Toilettengang wären doch ohnehin getrennte Kabinen vorhanden. Freilich müssten dann unbedingt die Urinale in abgesonderten Räumen untergebracht werden.

Modernes Männerklo in einer Gaststätte.

Die winzigen Blenden zwischen den Urinalen reichen aber nicht aus, das „ kleine Geschäft" eventuell vor Frauenaugen zu verbergen.

Besonders Frauen protestieren gegen das Vorhaben gemeinsamer Klovorräume, weil sie diese gern nutzen, um sich dort „schön zu machen", das muss nicht nur schminken sein, auch parfümieren gehört dazu. Außerdem werden in diesen Räumen gern frauenspezifische Gespräche geführt.

Doch warten wir es ab, was uns auf all diesen Gebieten die Zukunft beschert. Auf alle Fälle meine ich, dass die gegenwärtigen Vorschriften zur Einrichtung geschlechtsgetrennter Toiletten beibehalten werden sollten, aber wahrscheinlich keine zusätzlichen Bestimmungen für Homosexuelle oder Transsexuelle notwendig sind.

Welche Hindernisse getrennte Toiletten für Mann und Frau sein können, erlebte ich schon häufig bei Großveranstaltungen und Ausflugsreisen mit Bussen. Die Warteschlangen vor den Frauentoiletten sind dabei oftmals so lang, dass die Einhaltung der Pausenzeiten gefährdet ist. In diesen Fällen habe ich schon manchmal die Initiative ergriffen und einen schnelleren Ablauf organisiert. Sobald in der Herrentoilette der Ansturm vorbei und kein Benutzer mehr drin war, habe ich mich davor postiert und die Frauen konnten diese Toilette mit nutzen.

In einigen Filmen werden oft sehr lustige Episoden bei der Verwechslung von Männer- oder Frauentoiletten dargestellt. Im täglichen Leben ist bestimmt auch einigen schon passiert, dass sie aus Unachtsam- oder Gedankenlosigkeit plötzlich in der falschen Toilette standen und damit in peinliche Situationen gerieten, die allerdings entschärft wurden, wenn noch nichts entblößt war.

Hinsichtlich solcher Verwechslungen erinnere ich mich an einen Schülerstreich während einer Klassenfahrt, wir waren 14/15 Jahre alt. Vielleicht war es auch eine Nachahmung aus einem Lustspielfilm, ich weiß es nicht mehr. Wir übernachteten in einer Jugendherberge und für ca. 30 Jungen und Mädchen, dazu einen Lehrer und eine Lehrerin, gab es je eine Knaben- und eine Mädchentoilette. Bei unserer Lehrerin, die wegen ihrer Strenge nicht beliebt war, hatten wir während der Ausflüge beobachtet, dass sie oft Örtchen suchte und aufsuchte. Abends in der Unterkunft vertauschten wir die Schilder der Jungen- und Mädchenklos und ein Schüler, der Klassenclown, den es überall gibt, musste sich im Vorraum der Jungentoilette, die nun Mädchentoilette war, mit heruntergelassenen Hosen postieren. Ein aufgestellter Wächter informierte alle anderen und bat sie, ihre Toilettenbenutzung etwas zu verschieben. Bald kam die Lehrerin angestürmt. Es klappte, sie ging in die falsche Toilette. Ihren Aufschrei habe ich noch heute, nach einem Dreivierteljahrhundert, in den Ohren!

Sie drehte um, wiederholte immerfort den Satz: „Das hat Konsequenzen!" Und suchte das Klo nebenan mit dem verwechselten Schild auf. Wir nutzten schnell die Zeit, die Schilder wieder an ihren richtigen Platz zu bringen.

Nach Erledigung ihrer Bedürfnisse trommelte sie sofort alle Schülerinnen und Schüler zusammen und bat ihren Kollegen, die Schilderverwechslung unparteiisch zu kontrollieren. Er konnte aber nur feststellen, dass sie sich geirrt haben musste, denn alles stimmte. Also alles ging aus „wie das Hornberger Schießen", wie ein bekannter Spruch lautet, wenn die Ermittlungen ergebnislos sind.

Hilfstoilette bei Autoreisen

Bei Autoreisen durch die Balkanländer in den 1960er Jahren waren für uns dort die Toilettenverhältnisse in den öffentlichen Einrichtungen grausam. Wir hatten uns deshalb einen „Toilettenstuhl" gebaut (zusammenklappbarer Campingstuhl mit Ausschnitt im Stoffsitz).
Damit konnten wir in Wäldern oder Maisfeldern versteckt unsere eigene Kloanlage aufbauen und benutzen. Der Hygiene trugen wir einigermaßen Rechnung, indem wir mit dem Spaten das zu Beseitigende eingruben.

Einmal übernachteten wir im Internat einer Fachschule in Lowetsch – Bulgarien. Die Wasch- und Toilettenanlagen waren kaum zu benutzen. Aus diesem Grunde kam uns der umgebaute Stuhl sehr zu pass. Abends im Dunklen unternahmen meine Frau und ich noch einen Spaziergang zu einem Wäldchen am Fluss. Wir badeten dort und außerdem schien uns das Wäldchen der geeignete Ort für unsere Hilfstoilette im Freien. An geschützter Stelle vergewisserte ich mich, dass wir allein waren, hub eine kleine Grube aus und benutzte unseren Spezialstuhl. Plötzlich stand ein Mann vor mir, den wir in der Dunkelheit nicht gesehen oder gehört hatten. Er sprach mich in gebrochenen deutsch an: „ Sie sind Deutscher? Ich kenne Deutschland, ich war schon mehrmals dort." So verwickelte er mich in meiner Bedrängnis in ein ausführliches Gespräch. Ich war froh, als er sich verabschiedete und kam mir sehr unhöflich vor, weil ich bei der Verabschiedung nicht aufstehen konnte. Ich war mir nicht sicher, ob er etwas von meiner Notsituation gespürt hatte. Das Ereignis zeigte mir: „Man ist auf der Welt – selbst im dunklen Wald – niemals allein und vor Überraschungen nirgends sicher."

Hilfstoilette, die uns gute Dienste leistete

Ratte in der Wasserspültoilette

Zu den Häusern unserer Nachbarschaft, wo wir bis 1992 wohnten, gehörten größere Gärten. In einem befand sich bis Mitte der achtziger Jahre ein Magazin der sowjetischen Armee. Uns wurde bekannt, dass die Soldaten hin und wieder Abfälle (auch verdorbene Lebensmittel) im Garten vergruben. In ungefähr 100 m Entfernung verlief das Flussbett der Gera mit mehr oder weniger ungepflegten U-ferböschungen. All diese Umstände lockten verständlicher Weise Schädlinge, aber besonders Ratten, an. In diesem Zusammenhang hatte meine Frau ein Erlebnis, das ihr einen großen unvergesslichen Schock versetzte. Im Keller unseres Hauses war die Toilette der nicht mehr bewohnten Souterrainwohnung noch in Ordnung. Wir nahmen diese in Anspruch, wenn wir im Garten arbeiteten oder dort mit Gästen feierten.

Eines Tages öffnete meine Frau den Toilettendeckel und aus dem Becken guckte sie eine große Ratte an. Die Situation konnte damals nicht fotografiert werden, deshalb diese Fotomontage.

Sie schloss die Abdeckung, rannte in den Garten und holte einen großen Stein, den sie auf den Deckel legte. Sie getraute sich nicht, weiter nachzusehen, ob das Tier verschwunden war. Am Abend, als ich nach Hause kam, inspizierte ich die Umgebung und konnte Rattenfreiheit melden. In den folgenden Monaten mied meine Frau das Umfeld dieser Toilette. Künftig wurden aber keine Ratten mehr gesichtet und das Einzelexemplar hatte sich offensichtlich nur verirrt. Wahrscheinlich blieben die Tiere auch wegen der Anwesenheit von Nachbars Katzen und unserem Hund vom Grundstück fern. Erstaunlich ist es aber, dass Ratten selbst durch die Röhren der Wasserspültoiletten gelangen können. Nicht auszudenken, wenn sich jemand arglos auf das Klo gesetzt hätte und erst dann wäre die Ratte aus der Röhre nach oben gekommen! In der Regel flüchten diese Tiere vor Menschen aber es bleibt fraglich, ob die Ratte nur am Hintern Mann, Frau oder Kind voll erkannt hätte.

Unsere Angst vor Ratten kommt wohl vor allem daher, dass sie im Mittelalter u. a. Ursache für die Ausbreitung der Pest waren.

Rettendes Klo im Smolni

Der Smolni in Leningrad, heute St. Petersburg, war einst nach der Oktoberrevolution erster Regierungssitz Lenins, jetzt dürfen ihn Touristen von außen als Sehnenswürdigkeit dieser Stadt besichtigen.

1980 besuchten wir mit einer Touristengruppe Petersburg und eine mehrere Stunden dauernde Stadtrundfahrt war im Programm. Wahrscheinlich hatte ich zum Frühstück zu viel Kaffee getrunken, nach einiger Zeit drückte mir die Blase. Der Bus hatte keine Toilette und wenn wir zu Besichtigungen ausstiegen, fand ich nirgends öffentliche Klos. Als wir vor dem Smolni zur Außenbesichtigung Halt machten, hielt ich den Blasendruck fast nicht mehr aus. In dem nahen Park an dieser berühmten Stätte getraute ich mir nicht, hinter einen Baum zu verschwinden. So rannte ich zum Eingang zu dem Wachposten und machte ihm mit meinem gebrochenen Russisch klar, dass ich unbedingt auf eine Toilette müsste. Nur dauerte mir alles sehr, sehr lange bis er einen anderen Soldaten herbeirief, denn er selbst durfte seinen Posten nicht verlassen.

Der Herbeigerufene schulterte sein Gewehr mit aufgepflanztem Bajonett und machte mir klar, neben ihm her zu gehen. Er führte mich zum Kloeingang und wartete vor der Tür bis ich fertig war; dann begleitete er mich wieder bis zum Außenposten am Tor.

Als ich ein Geldstück als Dank übergeben wollte wäre ich fast verhaftet worden. Doch ich war ehrlich beeindruckt an der Stätte, wo der große Lenin einst wirkte, ein wichtiges und dringendes Bedürfnis erledigen zu dürfen. So etwas ist nur hochtrabend auszudrücken!

So blieb mir als Wichtigstes von dieser Reise der Toilettenbesuch im Smolni in Erinnerung.

Stuhlgang und koten der Tiere

Mein 10jähriger Urenkel fragte kürzlich: „Warum gibt es für das „Kacken" so unterschiedliche Ausdrücke, sagt man z. B. auch Stuhlgang, weil das Klo fast wie ein Stuhl aussieht?" Ich war schon froh, dass er den heute üblichen deftigen Ausdruck „Scheiße" vermied. Dazu gab es aber auch in unserer Familie die Regel, über die ich schon in anderen Geschichten berichtete, dass man „schlechte Worte, - Fäkalausdrücke" möglichst unterlassen sollte. Durch diese Frage erhielt ich jedoch Gelegenheit, wieder einige kleine Scherzchen zu erzählen, die finden heute die Kinder zwar zu harmlos, weil sie dabei meistens die „Action" vermissen. Trotzdem können wir „Alten" es nicht lassen, belehren zu wollen und dabei unsere Erfahrungen kund zu tun, die die „Jungen" aber auch selbst sammeln müssen. „Du hast in deiner Frage schon eine erste Antwort gegeben. Im 18. Jahrhundert wurde ein so genannter Leibstuhl erfunden, das war eine Sitzgelegenheit mit Seitenlehnen, unter dessen Sitz sich ein Nachttopf befand. Der Gang zu diesem Stuhl erfolgte zur Verrichtung der Notdurft, deshalb Stuhlgang. Diesen Leibstuhl besaßen aber nur vornehme, reiche Familien; in Bauernhäusern waren Plumpsklos – wie wir ein ähnliches in unserem Schrebergarten haben - üblich."

Der Junge schien Interesse an diesem Thema zu haben und ich konnte nun eine Geschichte erzählen, die ich schon in den 1930er Jahren von meiner Großmutter gehört hatte. Heute würden wir dieses Kuriosum als Witz auffassen, aber es sollte sich - nach meiner Oma - um eine wahre Begebenheit gehandelt haben: Der Mann, ein Hausweber, besaß einen einzigen Webstuhl, der sich in der Wohnstube befand. Er war krank und musste seine Arbeit unterbrechen; der Arzt wurde zum Hausbesuch gerufen. Auf die Frage des Mediziners nach dem `Stuhlgang´ antwortete die Ehefrau: „Gestern webten wir noch Drillichstoff, der ging sehr gut, aber wie der Stuhlgang mit den modernen Garnen und Fäden gelingt und aussieht, das wissen wir noch nicht. Es ist eben eine Maschine, aber danke Herr Doktor für die Nachfrage zu unserer Arbeit."

Ich erinnere mich, als Kind habe ich über diese Episode sehr gelacht. Mein Urenkel verzog kein Gesicht und meinte nur ganz sachlich: „Klar, während deiner Kindheit vor vielen Jahren wussten die Menschen medizinisch noch nicht so Bescheid. Ich finde es auch komisch, dass vieles immer so umständlich ausgedrückt wird. Bei Menschen spricht man vom "Stuhl", der bei den Tieren „Kot" heißt und doch das gleiche ist. Wir haben im Biologieunterricht die Verdauung behandelt und da habe ich im Internet nachgeschaut, welche Begriffe es für die Darmausscheidungen gibt. Da fand ich: Stuhl, Kot,

Notdurft, Exkrement, Geschäft, sogar Haufen, Kacke, Scheiße und Schiss, Losung sagen die Jäger und die Kinder Aa und Kacka. Alle diese Worte gelten für ein einziges Geschehen über das man nicht gern spricht und das man meist zu umschreiben versucht. Aber warum ist der Umgang mit diesen Abläufen für die Tiere offen und natürlich und wir Menschen schämen uns dabei?"

Bei diesem Gespräch und der Frage dachte ich an meine Schulzeit vor mehr als 75 Jahren und staunte über die bisherige Entwicklung, was heute 10jährige alles wissen, welche Lernmöglichkeiten sie haben und wie gezielt sie fragen. Unter diesen Umständen musste ich also die knifflige Frage beantworten und wäre am liebsten in die Ausrede geflüchtet: „Das weiß ich leider auch nicht ganz genau." Zu dieser Antwort gehört Mut, den man aber immer haben sollte. In diesem Falle wagte ich aber nun zu antworten und begann mit der bekannten Formulierung: „Bei meiner Antwort erhebe ich keinen Anspruch auf Vollständigkeit." Nach diesem Vorspann sagte mein Enkel altklug: „Na gut, Opa, man kann ja heute auch nicht mehr alles wissen!"

Ich begann zu erklären:

„Im Altertum war in verschiedenen Kulturen der Toilettengang nicht so wie heute, wo auch in öffentlichen Aborten jeder in seiner abgeschirmten Kabine sitzt und es verboten ist, sich gegenseitig zu beobachten. Bei den alten Griechen gab es keine

Trennwände und der Toilettengang war eine gesellige Angelegenheit, man unterhielt sich dabei über viele Probleme und auch über den Stuhlgang. Im Übrigen gibt es in Deutschland in Köln ein „Museum für Scheiße" in dem auch die Geschichte der Toiletten und des Toilettengangs sogar mit Exponaten gezeigt wird. Für mich - ein Vertreter der alten Generation - ist dieses gewöhnungsbedürftig. Nun zu deiner speziellen Frage zum unterschiedlichen Verhalten von Mensch und Tier bei der Darmentleerung. Als die Menschen „sesshaft" wurden und Landwirtschaft betrieben, waren sie in immer größerer Zahl über längere Zeit an einen Ort ansässig. Damit galt es, neue Regeln für das Zusammenleben aufzustellen. Man spricht davon, dass dadurch nach und nach eine gewisse Zivilisation begonnen hätte. Die Menschen hoben sich in ihrem Verhalten immer stärker vom Tier ab. Besonders für die Kotausscheidungen wurden separate Plätze ausgewählt, weil hier auch ein bestimmtes Ekelempfinden eine Rolle spielte: Die Ausscheidungen stanken! Zur gleichen Zeit wurden immer mehr Wildtiere domestiziert."

„Den Begriff kenne ich", sagte mein Urenkel, „das heißt, sie wurden Haustiere und mit diesen Tieren wohnte man anfangs sogar sehr eng zusammen oft in einem gemeinsamen Raum."

„Stimmt und auch den Haustieren wurden Plätze zugewiesen, wo sie ihren Kot absetzen konnten.

Das Aufsuchen dieser Stellen scheinen sie sogar bis heute beibehalten zu haben, wenn wir sie nicht durch „Haltungsformen" (angebundene Rinder, Pferde, ja sogar Schweine) dazu zwingen, an ihrem Standplatz zu koten. Wenn der Mensch das dann nicht sauber hält müssen sie sich auch in ihre eigenen Ausscheidungen legen. Was ihnen offensichtlich auch nicht gefällt. Besonders bei Hausschweinen, die stets als dreckig beschimpft werden, beobachtet man, dass sie in Gruppenhaltung auch einen gesonderten Platz in der Bucht haben, wo sie sich entleeren.

Wir denken immer, wir Menschen würden in der Reinlichkeit den Tieren überlegen sein. Das ist nicht richtig, denken wir nur an die Bilder, die wir oft vom Mittelalter im Fernsehen und Filmen sehen. Damals noch wurden der Kot und aller Unrat von Menschen häufig einfach auf die öffentlichen Plätze und Straßen verbracht. Im Tierreich kann man an unzähligen Beispielen beobachten, wie Tiere, vor allem Vögel, ihr Nest oder bestimmte Säugetiere ihre Höhlen und Baue nebst Umgebung immer sauber halten. Du wolltest aber auch wissen, warum wir Menschen uns bei allem, was mit Stuhlgang zusammenhängt, irgendwie schämen und das tun Tiere nicht. Aus ganz frühen Zeiten und von Naturvölkern und selbst noch aus dem vorigen Jahrhundert wissen wir, dass dies nicht immer so war. So kennen wir Überlieferungen, dass Adlige in aller Öffentlichkeit bei Hofe sich auf den Nachttopf setzten und vieles andere mehr. Um das Thema tiefgründig zu behandeln müssten wir den Begriff Schamgefühl klären. Hierüber gibt es viele, viele Schriften und ich will hier nur erläutern, dass Menschen sich schämen, wenn sie Normen verletzt haben oder Verfehlungen aufgedeckt werden und anderes mehr. Normen und Regeln werden aber wiederum von Menschen selbst gemacht und waren auf dem Gebiet des Umgangs mit unseren Darmentleerungen in den vergangenen Epochen und Gesellschaften sehr, sehr unterschiedlich. Nach gegenwärtigem Wissensstand haben aber Tiere kein Schamgefühl, wenn auch manche Hunde- und Katzenbesitzer Gesichtsausdrücke ihrer Tiere manchmal so deuten."

Die Frage habe ich von meinem Enkel fast erwartet: „Also schämen sich Hunde nicht, wenn sie auf die Wiese, wo Kinder spielen, kacken?"

„Nein, das tun sie nicht, aber wir trauen sehr oft Tieren auch menschliche Gefühle zu, die sie nicht haben."

Zu den Problemen, die wir in unserer Unterhaltung behandelt haben, sollst du noch zwei Gedichte, die ich kürzlich in einem Portal im Internet veröffentlichte, hören.

Haustiere brauchen Klos
Wenn wir Menschen keine Toiletten hätten,
wäre es katastrophal in Dörfern und Städten.
Ungerechterweise schimpfen wir mit den Tieren,
weil die oft überall ihre Exkremente verlieren.
Seit es aber Haustiere gibt auf dieser Welt
haben wir diese unter unsere Obhut gestellt;
dazu gehört auch die Entsorgung vom Kot,
die schon oft Anlass für Streitigkeiten bot.
Man müsste Tieren „Örtchen" einrichten,
dann würden diese nur dort ihre Notdurft verrich-
ten.
Eigenes Bedürfnis aller Tiere hierfür ist vorhanden,
wofür sie aber bisher zu wenig Unterstützung fan-
den.
Katzen nehmen ihr eigenes Klo schnell an.
Sie zeigen sogar schamhaftes Verhalten dann,
wenn sie merken, dass ihnen Menschen zusehen
während sie zur Entleerung auf ihre Toiletten ge-
hen.
Auch von Schweinen, die ja oft dreckig genannt,
ist ein sehr reinliches Verhalten bekannt.
Wenn man diese Tiere immer selbst gewähren lässt
legen sie eine spezielle Stelle, an der sie koten, fest.
Bei Vögeln, die häufig in Käfigen gehalten,
beobachtet man auch ein spezielles Verhalten.
Nicht über den Käfigboden verteilen sie ihren Kot,
er gehört an eine bestimmte Stelle, das ist ihr Ge-
bot.

Man hat in der gesamten Tierwelt festgestellt,
dass auch Tieren ein „aufs Klogehen" gefällt.
Generell „Tierklos" für Haustiere einzurichten,
gehörte deshalb zu unseren Sorgfaltspflichten.

Schimpfwort Schwein

Wenn sich Menschen zanken
gerät vieles aus den Schranken;
schon oft Tiereigenschaften und -namen
ganz falsche Bedeutungen bekamen,
denn es bleibt beleidigend und gemein
nennt man jemand "dreckiges Schwein".

Ich kann durchaus darauf wetten,
hätten Menschen keine Toiletten,
sähe es oft in ihrem schönen Haus
schlimmer als im Schweinestall aus.
Bei allen Tieren stelle ich immer wieder fest,
sie sind reinlich, wenn man sie selbst gewähren
lässt.

Stuhlkontrolle

Bei den Plumpsklos, die es während meiner Kindheit fast ausschließlich gab und den modernen Wasserspülklosetts gibt es ein gemeinsames Problem: Man kann seinen eigenen Stuhl nicht sehen oder begutachten, ob er eventuell wegen Erkrankung verändert ist oder sich gar Parasiten z. B. Bandwurmglieder, darin befinden. In diesem Zusammenhang fällt mir ein Erlebnis aus meiner Volksschulzeit in den 1940er Jahren ein.

Es gab damals im Krieg wenig zu essen. Ein Schulkamerad magerte zusehends ab, obwohl er sich als Bauernjunge zumindest immer satt essen konnte. Er aß so reichlich Brot und Kartoffeln, dass wir ihn manchmal als Nimmersatt und Vielfraß verspotteten. Die Kinder, in deren Familien man mit den Zuteilungen auf die Lebensmittelkarten auskommen musste, schauten oft neidisch auf seine reichlichen Frühstücksbrote. Die Eltern des Jungen gehörten einer Sekte an, die darauf bauten, alles sei gottgewollt, bei Erkrankungen wäre es nicht nötig, einen Arzt aufzusuchen, sie vertrauten auf die Heilkunst des Schamanen ihrer religiösen Vereinigung. Nach einigen Wochen war er auch sehr entkräftet. Wenn wir uns hin und wieder auf dem Schulhof prügelten, wagten wir den geschwächten Jungen nicht hart anzufassen, weil er sich fast nicht wehren konnte. An Sportveranstaltungen nahm er nicht mehr teil;

es bedurfte großer Überredung, dass er bei einer Klassenfahrt überhaupt mitkam. Wir machten dabei eine ausgedehnte Wanderung durch Wald und Flur. Es blieb nicht aus, dass manche während dieser Spaziergänge auch mal auf die Toilette mussten, die gab es natürlich in dieser Umgebung nicht und man verkroch sich ins Gebüsch, um dieses nicht aufzuhaltende Geschäft zu verrichten. Der schwächliche Junge hatte seine reichlichen Früh-stücksschnitten gegessen und meldete sich plötzlich beim Lehrer mit der Bemerkung zum `Buschgang´ ab, er hätte wahrscheinlich Durchfall. Wir spöttel-ten: „Du darfst nicht so viel futtern, dann kannst du auch deinen Bauch und Hintern unter Kontrolle hal-ten." Aufgeregt kam damals der schwächliche Jun-ge zu uns und unserem sehr verständnisvollen älte-ren Lehrer, er sagte, dass er in seinem Stuhl viele komische weiße Gebilde gesehen hat, das mache ihm richtig angst. Der Pauker nahm sich der Sache an, er wusste, dass das Glieder eines Bandwurms sind. Ohne die Eltern zu fragen ging er mit dem Knaben zum Arzt, der ihn behandelte und heilte.

In der Neuzeit haben Maßnahmen in der Landwirt-schaft dazu geführt, dass im Rindfleisch nur noch sehr selten Bandwurmfinnen gefunden werden und solches Fleisch auch kaum noch in den Lebensmit-telverkehr kommt. Folglich gibt es auch bei Men-schen nur noch ganz selten Bandwurmträger. An-ders bei anderen Erkrankungen, da wäre es schon

recht gut, wenn man hin und wieder seinen Stuhl
sehen könnte. Z. B. deutet eine ganz schwarze Far-
be auf Darmblutungen hin, die wiederum Ursache
einer Krebserkrankung sein könnten, um nur ein
Beispiel zu nennen. Die heute bessere Aufklärung
der Menschen, dass sie selbst manche Anzeichen
erkennen können, um dann einen Arzt aufzusuchen,
wird also in dem Falle, dass in modernen Klos alles
immer unsichtbar verschwindet, zumindest er-
schwert.

Toiletten für Behinderte

Toilettenaufsatz, der leicht montiert werden kann und bei niedrigen Toiletten, wenn notwendig, die erforderliche Höhe für Behinderte herstellt.

In der BRD wird im Allgemeinen viel für Behinderte getan. An vielen Orten gibt es auch Behindertentoiletten, in denen alles behindertengerecht eingerichtet ist. Diese Toiletten fehlen aber häufig in Gaststätten, in öffentlichen Einrichtungen und in Arztpraxen, sogar bei Orthopäden. Dazu sind die üblichen Toiletten immer sehr niedrig und besonders Hüft- oder Knieoperierte können sich zwar setzen, kommen aber häufig nicht mehr hoch. So erlebten wir vor nicht all zu langer Zeit, dass eine stark gehbehinderte Frau in einer Gaststätte die Damentoilette aufsuchte und weil es sehr dringend war, sich auf ein ganz niedriges Klo setzte. Die Kabinentür verriegelte sie wie gewohnt von innen.

Dann gelang es ihr nicht, wieder vom Klo aufzustehen. Herbeigerufene Hilfe konnte die Tür nicht von außen öffnen, das ließ der eingebaute Riegel nicht zu. Es hätte ein Schlosser herbeigerufen werden müssen, um das komplizierte Schloss zu öffnen. An der Toilettenpapierhalterung getraute sie sich nicht, sich hoch zu ziehen, sie befürchtete, diese löst sich aus der Verankerung. Wie sie es schließlich doch schaffte hoch zu kommen, wusste sie später nicht zu sagen. Jedenfalls war sie völlig in Schweiß gebadet und zitterte am ganzen Körper.

Von dieser Zeit an besucht dieses ältere Ehepaar nur noch Gasstätten oder öffentliche Veranstaltungen mit Behindertenklos in der Nähe oder zumindest Toiletten mit entsprechender Sitzhöhe.

Oder auch ein Bügel zum hochziehen ist wichtig. Dieses wird grundsätzlich überprüft bevor man sich an dieser Stätte weiter aufhält.

Toiletten in DDR – Fleischexportbetrieben.

Die Schlachthöfe der DDR, die Fleisch in das NSW (Nichtsozialistische Wirtschaftsgebiet) exportierten, mussten u. a. hinsichtlich Hygiene, Fleisch- und Trichinenschau EG-Normen erfüllen; stichprobenartig kontrolliert von Tierärzten, die von einer EG-Kommission eingesetzt waren. Da auch diese Veterinäre den erschwerten Einreisebedingungen der DDR unterworfen waren – sprich tage- oder wochenlange Voranmeldung der Besuche – klappte natürlich das „Warnsystem": Unverhoffte Visiten hatten wir nicht zu befürchten. Die Hektik, die nach einer solchen Besuchsankündigung schlagartig einsetzte, war beispiellos. In reger Bautätigkeit wurden in den Schlachthallen, Kühleinrichtungen, in allen Produktions- und Sozialräumen schadhafte Stellen ausgebessert und – wenn dies zu aufwändig war – einfach mit sehr viel Farbe übertüncht. Ein besonderes Problem stellten die Toiletten, Wasch- und Duscheinrichtungen dar, die aus Mangel an Installationsmaterial und Fliesen bei weitem nicht dem Standard entsprachen. Not macht erfinderisch: Durchschritt die Kommission den Betrieb und begehrte Einlass in den Sanitärbereich, erscholl von eigens eingewiesenen und positionierten Mitarbeitern ein „Besetzt!" aus dem Innern. Die Prüfer konnten dann in den meisten Fällen vorbeigelotst werden.

Umgang mit dem Klogang

Über dichte Blase, dichten Po
ist im Alter jeder froh.
Ist es anders, mach dir nichts daraus,
geh beherzt auch aus dem Haus.
Plane deinen Weg nach Stätten
wo du immer findest Toiletten,
dazu gibt es noch manchen Rat:
Halte auch Kleingeld stets parat;
Automaten dürfen dich nicht irritieren
und Geduld, die darfst du nie verlieren.
Entsteht vorm Klo eine Warteschlange,
Druck verstärkt sich, dir wird es bange.
Ungehemmt musst du dir trotzdem sagen:
Junge Leute kann später das Gleiche plagen.

Voriges Jahrhundert - Schultoiletten

In der Neuzeit haben sich auch in den Schulen die hygienischen Verhältnisse in den Toiletten verbessert. Mit Grauen denke ich an die Schultoilettenverhältnisse während meiner Schulzeit; an die primitiv eingerichteten Plumpsklos, die ständig stark verschmutzt waren.

In der Volksschule in unserer Kleinstadt gab es für etwa 150 Schülerinnen und Schüler je eine Toilette mit 3 Sitzen in einem Raum – im Jungenklo dazu eine ca. 1 m breite Rinne fürs kleine Geschäft, wie wir sagten. In den Pausen war deshalb eine Warteschlange üblich. So versuchten wir während des Unterrichts unseren Toilettengang zu erledigen. Wenn wir uns meldeten und baten, austreten zu dürfen, sagte aber der Lehrer meistens: „Du kannst warten bis zum Ende der Stunde." Als dabei ein Junge mal in die Hosen machte erhielt er noch Schläge mit dem Rohrstock.

Wir wohnten nicht weit von der Schule entfernt und ich weiß noch, dass ich hin und wieder in einer Unterrichtspause nach Hause rannte, um dort aufs Klo zu gehen, weil ich mich im Schulklo ekelte. Es war aber streng verboten in der Unterrichtszeit das Schulgelände zu verlassen. Als ich mal erwischt wurde, half mir mein sonst diszipliniertes Verhalten, keine Rohrstockhiebe zu bekommen und ich kam mit Ermahnungen davon.

Selbst im Realgymnasium in der Kreisstadt und dann in der Oberschule, wie das Gymnasium in der DDR hieß, waren die Toilettenverhältnisse katastrophal. Nur für die Lehrer gab es Klos mit Wasserspülklosetts aber für die Schüler nur Plumpsklos. Ich erinnere mich, dass ein Schüler verbotenerweise auf das Lehrerklo ging und erwischt wurde – das hätte beinnahe einen Schulverweis nach sich gezogen.

Allerdings muss ich auch an einen recht makabren Schulstreich denken. In unserer 11. Klasse waren 1949 einige ältere Schüler, die das Abitur nachholen wollten, weil sie 1944, noch vor ihren damaligen Schulabschluss, als Flakhelfer eingezogen worden waren. Diese waren auch auf Grund ihrer im Krieg gesammelten Erfahrungen häufig gegenüber den Lehrern undiszipliniert und stifteten manchmal uns Jüngere an bei Streichen mit zu machen. Wir alle kritisierten ohne Erfolg die ganz schlimmen Toilettenverhältnisse. So kam ein solch älterer Schüler auf den Gedanken: Er wollte, wenn wir in die Klasse 12 versetzt sind, am letzten Schultag vor den Ferien ein Zeichen setzen und auf diese Missstände aufmerksam machen. Geplant getan: Er stellt sich pinkelnd vor ein Abgussbecken im Schulflur und wir Mitschüler mussten uns um ihn herumstellen. Wir wussten, dass der Direktor immer zu einer bestimmten Zeit mit einer sehr strengen unbeliebten Lehrerin dort entlang ging. Gerade zu dieser Zeit startete das Vorhaben. Während er vor dem Becken stand gingen wir auseinander und die Beiden hatte freie Sicht auf sein Tun.

Empörung, die folgte, wäre noch zu gelinde ausgedrückt, wütende Bestrafungsdrohungen wurden ausgesprochen. Letztlich endete aber alles in einen Verweis des Schülers, weil dessen Eltern ein Sägewerk besaßen und alle Lehrer mit dem damals bewirtschafteten und sehr knappen Brennholz versorgten.

Wachsame Hoteletagenfrau

In fremden größeren Städten, dazu im Ausland, darf man in der Regel nur ausgedehnte Stadtrundgänge unternehmen, wenn man keine Probleme mit Stuhlgang oder Blase hat. Es sei denn man besitzt einen Plan mit einem Verzeichnis der öffentlichen Toiletten oder man nimmt in Kauf, in Gaststätten einzukehren und dort jedes Mal etwas zu trinken oder zu verzehren. Uns passierte es tatsächlich schon, wenn wir das nicht taten, wurden wir auch nicht aufs Klo gelassen. Einige Male habe ich mir deshalb mit einem hohen Trinkgeld aus der Not geholfen.

Den Höhepunkt zu solchen Situationen erlebten wir 1981 in Rostow am Don. Das Schiff von unserer Wolgaschiffsreise legte dort an – es war die Endstation unserer schönen Reise und wir bekamen die Möglichkeit, allein die Stadt zu erkunden. Ein Privileg über das wir staunten, denn sonst war in der Regel das Programm nur in Gruppe zu absolvieren. Meine Frau und ich nutzten die Zeit für einen ausgiebigen Stadtrundgang. Ob es ungewohntes oder leicht verdorbenes Essen war, wir wissen es nicht, jedenfalls bekam meine Frau Bauchbeschwerden und musste schnell aufs Klo.

Ein Hotel, vor dem wir standen, schien die Rettung zu sein. Im Eingangsbereich fanden wir keine Toilette und fuhren mit dem Fahrstuhl in die erste Etage in den Zimmerbereich. Dort beäugte uns sofort sehr kritisch eine sogenannte Etagenfrau und hielt uns auf als wir in die Gänge wollten, wo wir tatsächlich ein Schild mit einem Toilettenhinweis entdeckten. Sie konnte oder wollte unser Vorhaben trotz eindeutiger Gesten einfach nicht verstehen. Wir zogen uns zurück, versuchten es unbemerkt erneut ans Örtchen zu kommen. Zwecklos, sie fuchtelte sogar mit dem Besen.

Nun erlebten wir, dass auch in einer sozialistischen Republik Geld Türen öffnet. Ich überreichte eine Zehnrubelnote und meine Frau konnte sich erleichtern. Beim Herbeirufen und Einsteigen in den Fahrstuhl war sie uns dann sogar behilflich.

Wenn du musst, dann musst du

Öffentliche Toiletten
können uns vorm Notfall retten;
kurzer Weg zu diesem Ort
weht schnell unsere Ängste fort.
Treffen wir dort mit Schrecken
auf schmutzige Toilettenbecken
kann schnell auch aus Versehen
alles peinlich in die Hose gehen.

Als vor vielen, vielen Jahren
die Kommunen reich noch waren
sorgten sie auch mit viel Geld
für Angenehmes in dieser Welt.

Genügend gute Einrichtungen
für der Notdurft Verrichtungen
konnte man finden allerorts,
sie hießen teilweise noch Aborts.

Nun begann eine neue Zeit,
man sparte jetzt weit und breit
und in einigen großen Städten
beginnt das Sparen bei Toiletten.
Man sagt einfach den Touristen,
wenn sie dringend einmal müssten,
sollten sie sich absolut nicht zieren
und in die Gaststätten hinein spazieren.

Zynisch könnten wir nun auch fragen:
Müssen wir uns wieder in Büsche schlagen,
wenn Darm oder Blase uns quälen
und wir die Sekunden bis zum Örtchen zählen,
das man nicht mehr zu finden wusste?
Denn es war weg, weil man sparen musste.
Oh weh, wie sehen die Parks dann aus,
machen wir wieder Toiletten daraus!

Zugtoiletten

 Das waren die Zugwaggons, in die wir während meiner Kindheit eingestiegen sind. Verbindungen zwischen einzelnen Wagen gab es nicht, so befand sich in jedem Waggon eine Toilette. Der Zugbegleiter balancierte manchmal während der Fahrt auf dem Trittbrett außen entlang.

Ich machte mir als Kind Gedanken darüber, dass man in den Zugtoiletten auf die Gleisschwellen gucken konnte, also keine Gruben oder Behälter vorhanden waren. Dazu stand auf einem Schild zu lesen: „Toilette nur bei fahrendem Zug und nicht bei Aufenthalt in Bahnhöfen benutzen." Ich lief gern auf den Bahngleisen, es war für mich eine Wegabkürzung, wenn ich meinen Onkel, der an einem Bahnhof wohnte, besuchte. Da war ich schon einige Male in Haufen getreten, wahrscheinlich hatten die Klobenutzer doch bei stehendem Zug „gekackt", ein Wort, das ich in unserer Familie auch nicht sagen durfte. Meine Großmutter hatte mich belehrt: „Das heißt Notdurft verrichten".

Als ich also meinen Großvater fragte warum man in Zugtoiletten die Fäkalien, die ja wertvoller Dünger seien, nicht sammeln würde, flüchtete er wieder einmal in die damals übliche Ausrede gegenüber uns Kindern: „Das wirst du erst später alles begreifen, wenn du erwachsen bist." Zumindest erklärte er mir aber, dass beim fahrenden Zug Kot und Urin durch den Luftzug verteilt würden und kleinste Partikel keinen Schaden anrichten könnten.

Mit meiner Großmutter fuhr ich schon als Vorschulkind hin und wieder mit dem Zug zu Verwandten in Orte, die mehrere Fahrtstunden von meinem Heimatort entfernt waren. Es gehörte dazu, dass ich aus Neugier, auch wenn ich nicht musste, die Zugtoilette aufsuchte. Meistens ekelte ich mich sehr, weil ich dort oft verschmutzte Klositze vorfand. Wenn ich es schaffte verkniff ich es mir, mich dort drauf zu setzen und ich weiß, dass bei Ankunft bei den Verwandten häufig mein erster Gang zur Toilette war.

Interessant waren aber für mich in den Zugtoiletten die Klopapierrollen, weil bei uns zu hause nur Zeitungen zum Abwischen verwandt wurden.

Weniger schön war jedoch für mich ein Erlebnis, das mir bis heute in Erinnerung blieb. Als etwa Fünfjähriger machte ich in der Toilette von innen den Riegel zu, so dass von außen am Schloss „besetzt" zu lesen war. Warum, weiß ich heute nicht mehr, jedenfalls brachte ich das Schloss nicht mehr auf. Schon einige Male hatte es von draußen geklopft, weil andere auf das Klo mussten, aber ich getraute mir nicht, mich zu melden. Ich versuchte mit allen Anstrengungen selbst zu öffnen. Als auch meine Großmutter wegen meines Wegbleibens Angst bekam, wir hatten unseren Zielbahnhof fast erreicht, da hörte ich sie vor der Tür und sie holte den Zugbegleiter, der von außen öffnen konnte. Erleichtert und beschämt verließ ich mein Gefängnis.

Auf diesen Gleisen marschierte ich damals entlang und war dann auf dieser eingleisigen Strecke besonders sicher, wenn wie hier gerade ein Zug vorbeigefahren war. Oben Burgruine Reichenfels bei Hohenleuben.